AF502787

MANIFESTATION
NATIONALE
EN L'HONNEVR DE
L'ALSACE ET DE LA LORRAINE
17 Novbre 1918

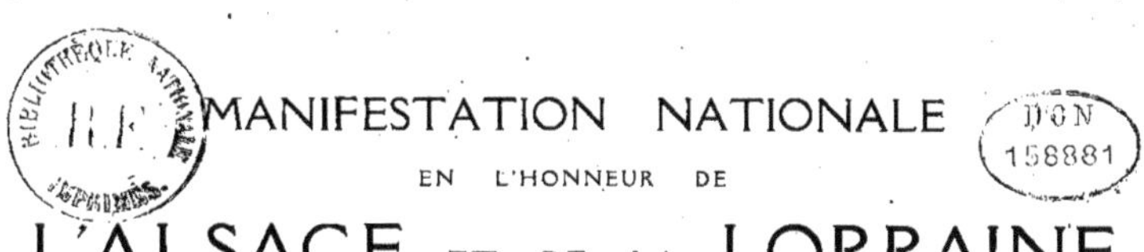

MANIFESTATION NATIONALE
EN L'HONNEUR DE
L'ALSACE ET DE LA LORRAINE

UNION DES GRANDES ASSOCIATIONS FRANÇAISES
CONTRE LA PROPAGANDE ENNEMIE

" TOUTE LA FRANCE DEBOUT POUR LA VICTOIRE DU DROIT "

UNION
DES
GRANDES ASSOCIATIONS FRANÇAISES CONTRE LA PROPAGANDE ENNEMIE

" TOUTE LA FRANCE DEBOUT POUR LA VICTOIRE DU DROIT "

COMITÉ DIRECTEUR — BUREAU

PRÉSIDENTS :

M. Ernest LAVISSE, Directeur de l'Ecole Normale Supérieure, Membre de l'Académie Française.

M. Paul DESCHANEL, Président de la Chambre des Députés, Membre de l'Académie Française.

VICE-PRÉSIDENTS :

Mgr BAUDRILLART, Président du *Comité Catholique de Propagande.*
M. Ferdinand BUISSON, représentant les *Associations groupées à la Ligue de l'Enseignement.*
M. DAVID-MENNET, représentant la *Fédération des Associations Commerciales et Industrielles.*
M. DOUTTÉ, *Comité Musulman de Propagande.*
M. Paul LABBÉ, représentant l'*Effort de la France et de ses Alliés.*
M. Georges LECOMTE, représentant la *Fédération des Associations de Professions Libérales*, Président de la *Société des Gens de Lettres.*
M. Sylvain LÉVI, Vice-Président du *Comité Israélite de Propagande.*
M. Léopold MABILLEAU, Président de la *Fédération Nationale de la Mutualité Française.*
M. G. RISLER, représentant la *Fédération des Ligues Sociales.*
M. Henry SAGNIER, représentant la *Fédération des Associations Agricoles*, Secrétaire perpétuel de l'*Académie d'Agriculture.*
Mme Jules SIEGFRIED, représentant la *Fédération des Associations féminines.*
M. André WEISS, Président du *Comité Protestant de Propagande.*

DÉLÉGUÉ GÉNÉRAL TRÉSORIER :

M. Léon ROBELIN, Secrétaire général de la *Ligue de l'Enseignement.*

SECRÉTARIAT GÉNÉRAL :

M. PERROY, M. FAMECHON.

MEMBRES :

MM. ANDLER, Président de la *Ligue Républicaine d'Alsace-Lorraine.*
Maurice BARRÈS, Président de la *Ligue des Patriotes.*
E. BERTIN, Président de la *Ligue Française.*
C. BOUGLÉ, *Comité d'Entente Universitaire.*
DEFERT, Vice-Président du *Touring-Club de France.*
GLAY, *Union Démocratique pour l'Union Sociale.*
Paul KESTNER, Vice-Président de la *Conférence au Village.*
Léopold LACOUR, Président de la *Ligue Républicaine « Droit et Liberté ».*
Jean RICHEPIN, Président de la *Ligue « Souvenez-Vous ».*
SANSBŒUF, Président de la *Société des Vétérans des Armées de Terre et de Mer.*

MEMBRES DU COMITÉ DIRECTEUR, ADJOINTS AU BUREAU

MM. AICARD, *Union Française.*
ARMBRUSTER, *Union Amicale d'Alsace-Lorraine.*
Mme AVRIL DE SAINTE-CROIX, *Conseil National des Femmes de France.*
M. BESSOU, *Cercle d'Enseignement Laïque.*
Mme. BOHREN, *Alliance Universitaire.*
M. Henry BONNET, *Union des Pères et Mères dont les Fils sont morts pour la Patrie.*
Mme BRISSON, *Cercle de l'Université des Annales.*
MM. COURCIER, *Chambre des Notaires.*
E. DENIS, *Ligue Civique.*
Gaston DESCHAMPS, *Société des Conférences.*
Paul DESJARDINS, *Amitié Civique.*
DE DIETRICH, *Effort Alsacien-Lorrain.*
Paul DOUMERGUE, *Foi et Vie.*
DRIAULT, *Comité Michelet.*
Fernand FAURE, *Ligue Nationale des Economies.*

M. GLEY, *La Vie moins chère.*
Dr HELME, *Société des Médecins de France.*
Mlle JAVAL, *Les Dépôts d'Eclopés.*
MM. Fernand LAUDET, *Comité d'Initiative de l'Union.*
Henri LICHTENBERGER, *Les Amis de l'Université.*
P.-H. LOYSON, *Union Nationale des Délégués Cantonaux.*
Général MALLETERRE, *Ligue Nationale de l'Aviation.*
M. MATRUCHOT, *L'Aide Morale.*
Mme MISME, *La Française.*
MM. REBELLIAU, *L'Alliance Française.*
Louis RIPAULT, *Union des Jeunesses Républicaines.*
RONDET-SAINT, *Ligue Maritime.*
SAUTER, *Foyer du Soldat.*
Paul SEGUY, *Comités Départementaux de l'Union.*
TERNAUX-COMPANS, *Les Médaillés Militaires.*

LES JOURNÉES
EN L'HONNEUR
DE L'ALSACE ET DE LA LORRAINE

DU 4 au 17 Novembre ont eu lieu, à Paris et en France, sur l'initiative de la Ligue de l'Enseignement, née à Beblenheim (Alsace), en 1866, des Journées en l'honneur de l'Alsace-Lorraine, qui obtinrent un prodigieux succès. Elles coïncidèrent d'ailleurs avec la signature de l'Armistice (11 Novembre), qui rendit l'Alsace et la Lorraine à la France.

Des conférences, accompagnées d'auditions, de projections, de chants et de danses et présidées par MM. Léon Bourgeois, Th. Steeg, René Besnard, Ferdinand Buisson, l'abbé Wetterlé, Louis Marin, Paul Matter, furent faites sur l'Alsace et la Lorraine au point de vue ethnique, géographique, historique, politique, économique, par des orateurs tels que : Jean Brunhes ; Haumant, professeur au Collège de France ; Bouglé, Pfister, Andler, professeurs à la Sorbonne ; Emile Hinzelin ; Léon Robelin ; Paul Piquelle ; le baron de Dietrich ; Paul Wilmoth ; Georges Weill, député de Metz.

Une cérémonie solennelle fut organisée au Palais de la Sorbonne, dans laquelle on entendit Maurice BARRÈS, DESSOYE, *Jules* SIEGFRIED, *le Maire de* MASSEVAUX, JEANNENEY.

Une séance cinématographique réunit au Trocadéro les Enfants des Ecoles de Paris. Une représentation de gala fut donnée à la Comédie-Française. Enfin, pour clôturer, une manifestation nationale consistant en un défilé où participèrent cent cinquante mille personnes, groupées par les soins de l'Union des Grandes Associations Françaises, se déroula entre l'Arc de Triomphe et la Place du Carrousel, en présence du Président de la République et des Membres du Gouvernement.

Deux millions de personnes acclamèrent, sur le parcours du cortège, les deux chères provinces reconquises.

Ce fut une journée inoubliable : la communion des âmes dans un même sentiment de tendresse et d'amour. Des délégations venues d'Alsace-Lorraine, apportant avec elles le parfum de leur terroir natal, assistaient à cette apothéose et ont été l'objet d'ovations enthousiastes. En les fêtant et en les acclamant, c'est la France qui serrait dans ses bras deux enfants adorés qu'elle avait perdus, il y a quarante-huit ans, et qu'elle avait enfin retrouvés, après cette douloureuse et cruelle absence. Tous les cœurs avaient pavoisé, des larmes de joie brillaient dans tous les yeux et un cri unanime, répercuté par l'écho, a retenti pendant quinze jours au sein des villes comme au fond des hameaux, du Nord au Midi, du Rhin à l'Océan : Vive l'Alsace et vive la Lorraine, réintégrées dans le sein de la grande Famille française!

DISCOURS DE M. RAYMOND POINCARÉ, PRÉSIDENT DE LA RÉPUBLIQUE

Messieurs,

LES milliers de Français qui ont préparé cette manifestation grandiose n'avaient eu, d'abord, que la pieuse pensée de déposer au pied de la statue de Strasbourg l'offrande de leurs vœux et de leur fidélité. La victoire est venue enrichir leur programme d'un complément magnifique et leur permettre de glorifier, dans le triomphe de la France, le retour de la Lorraine et de l'Alsace au foyer maternel.

Si jamais notre cœur a senti le regret de ne pouvoir ralentir le cours du temps, pour goûter à loisir les joies les plus nobles qui soient offertes à l'âme humaine, n'est-ce pas en ces heures de concorde et de fierté nationales, où la Patrie, si longtemps mutilée, se relève et se reconstitue? Puisque nous ne sommes pas maîtres d'arrêter et de fixer ces minutes divines, promettons-nous, du moins, d'en garder le souvenir immaculé et de le léguer, comme un inestimable trésor, à la France éternelle.

Le départ de l'Arc de l'Etoile : au premier plan, une délégation de jeunes Alsaciennes.

Pendant quarante-huit ans, notre douleur inconsolée a décoré de couronnes et de crêpes funèbres cette statue de la tristesse et de la captivité. Nous ne pouvions les uns et les autres, passer sous les yeux immobiles de cette chère figure muette et voilée sans y voir le symbole de la fermeté dans la servitude et sans ressentir, au fond de nous-mêmes, une secrète humiliation de notre défaite et comme un remords persistant de notre inaction.

Aucun de nous, cependant, j'en atteste le pays tout entier, aucun n'aurait voulu, même pour laver le passé et venger le droit opprimé, prendre la responsabilité d'un geste ou d'une parole qui eût risqué d'allumer, dans le monde, les premiers feux d'une guerre meurtrière.

Nous attendions, dans le silence et la résignation, le réveil de la justice endormie. *C'est l'Allemagne elle-même qui, la croyant mourante et rêvant de la poignarder, l'a involontairement arrachée à son long sommeil. C'est l'Allemagne elle-même qui a, de ses propres mains,*

Délégations, descendues de la place de l'Etoile, débouchant sur la place de la Concorde.

déchiré le traité monstrueux qu'elle nous avait imposé par la violence et qui soumettait à la domination de l'étranger une partie inaliénable de la France indivisible.

La guerre qui nous a été déclarée et qui a clos une si odieuse série de provocations et de défis nous a finalement libérés de la contrainte à laquelle nous assujettissaient notre amour de la paix et notre horreur du sang versé. *Du jour où les voleurs de nos provinces entreprenaient sur nous une agression sans excuses, nous avions le droit et le devoir de revendiquer la totalité du patrimoine national que la force avait morcelé.*

Dans la mémorable séance du 4 Août 1914, les Chambres françaises, patriotiquement groupées autour du Gouvernement de la République, ont pris l'engagement solennel de ne pas déposer les armes avant que l'Alsace et la Lorraine eussent été restituées à la Mère-Patrie. Elles ont tenu parole. Pendant plus de quatre ans, l'armée et le pays ont vécu dans la continuité de la lutte et de la souffrance; pendant plus de quatre ans, ils ont connu les plus pénibles alternatives d'espoir et de déception; pendant plus de quatre ans, la nation, résolue à vaincre, a vu, sans plaintes et sans découragement, la fleur de sa jeunesse cueillie par la mort; rien n'a détendu son effort, rien n'a brisé sa volonté.

Cette persévérante énergie est enfin récompensée. L'Alsace et la Lorraine sont redevenues françaises.

Devant la statue de Strasbourg : arrivée de la Délégation militaire italienne.

La foule, rue de Rivoli et place de la Concorde, devant le ministère de la Marine : à droite, les terrasses des Tuileries.

Vue d'ensemble de la place de la Concorde, après que les barrages pour le passage des délégations eurent été en partie rompus par la foule.

L'Allemagne est si bien forcée d'en prendre définitivement son parti, qu'avant la signature de la paix elle fait elle-même appel à nous pour protéger son armée en retraite contre l'hostilité des habitants. Oui, la voilà réduite à s'infliger ce cruel démenti. Avant-hier, elle proclamait que les populations alsaciennes, dociles à la conquête germanique, n'entendaient pas être séparées de ce qui s'appelait encore l'Empire ; hier, dans un cri de franchise et de détresse, elle nous suppliait de sauver ses troupes : « *L'Alsace me chasse, disait-elle, l'Alsace veux me battre. Tenez-lui les mains !* »

L'Alsace et la Lorraine sont redevenues françaises. Qu'ils sont doux à répéter, ces mots de rêve qui sont maintenant des mots de réalité.

Bientôt, la France ira offrir à la Lorraine et à l'Alsace délivrées ses félicitations enthousiastes. Quelle émotion pour tous ceux d'entre nous qui, depuis près de cinquante ans, attendent, meurtris par les souvenirs de l'autre guerre, ce jour de gloire et de résurrection ! Quelle émotion pour M. le Président du Conseil qui a travaillé, avec tant d'ardeur et de clairvoyance, avec tant de foi et tant de succès, à la libération de nos provinces captives !

L'Alsace et la Lorraine sont redevenues françaises ! Le plus grand nombre des héros qui viennent de mourir pour elles ne les avaient pas connues. Ils n'étaient pas, comme certains d'entre nous, de leurs voisins ou de leurs familiers ; ils n'avaient pas eu l'enfance bercée par leurs douces chansons; ils n'avaient pas gardé dans les yeux la vision ineffacée de leurs montagnes bleues et de leurs larges plaines. Et pourtant, ils se sont sacrifiés pour délivrer les deux provinces prisonnières et pour les rendre à la France qui ne les oubliait pas. Ils ont compris qu'elles étaient nécessaires à l'équilibre national et que, depuis le jour où elles nous avaient été enlevées, il avait manqué à la Patrie un morceau de sa chair et une étincelle de son âme.

L'Alsace et la Lorraine sont redevenues françaises ! Elles le sont redevenues de plein droit, — de par la géographie qui les a placées toutes deux en deçà des confins de la vieille Gaule, — de par l'histoire qui, sous l'ancienne monarchie, les a fondues avec la France, de par l'histoire, qui a consacré cette fusion volontaire, le 14 Juillet 1790, aux fêtes de la Fédération et qui a grandi la gloire française de toute la gloire gagnée, aux siècles passés, par les savants et les soldats d'Alsace et de Lorraine.

Elles le sont redevenues de plein droit, de par l'éclatante protestation qu'ont lue leurs mandataires à l'Assemblée nationale de Bordeaux, — de par la réélection unanime des députés protestataires, après le rapt et l'annexion, de par la courageuse déclaration qu'ont portée au Reichstag, en 1874, les représentants d'Alsace-Lorraine, de par la volonté de ceux des enfants du pays qui ont eu la tristesse de quitter leurs foyers envahis, de par la volonté de ceux qui sont

Place de la Concorde, avant l'arrivée du cortège : un détachement de chasseurs alpins, avec leur drapeau, devant l'estrade officielle.

restés là-bas pour y protéger, dans le secret des familles, les traditions françaises et y entretenir jalousement la sainte flamme du souvenir.

Pour justifier le retour de la Lorraine et de l'Alsace à la France, il n'est que de rappeler ces siècles de gloire commune, suivis de ces lourdes années de douleur partagée. Un plébiscite n'ajouterait rien à l'éloquence des faits. Un plébiscite serait un leurre puisqu'il ne pourrait appeler à se prononcer tous ceux des Alsaciens et des Lorrains que le traité de Francfort a dispersés. Un plébiscite serait un déni de justice, puisqu'il subordonnerait iniquement à une consultation nouvelle, des libertés que les populations possédaient, de longue date, avant la violence dont elles ont été victimes et des droits que l'ennemi a bien pu leur ravir pour un temps, mais qui étaient et sont restés imprescriptibles.

Restitution pure et simple, voilà ce qu'exige la réparation du passé, voilà ce que réclame la conscience universelle, voilà ce qu'en dehors des restaurations et des garanties nécessaires, nous assure irrévocablement la victoire de nos armes.

En ce jour où il est enfin donné à la famille française de célébrer son infrangible unité, rendons hommage à tous ceux qui ont travaillé à relever de ses ruines l'aile effondrée de notre maison paternelle.

Honneur à nos armées de terre et de mer, qui, après avoir défendu et sauvé la France, ont réduit l'ennemi déconcerté à solliciter l'armistice et la paix ; à cette brillante pléiade de chefs militaires qui, en se faisant aimer de leurs hommes, ont obtenu d'eux tant de prodiges ; à nos soldats et, puisque ce terme a joyeusement pénétré dans la langue, à nos poilus, à cette glorieuse personnification des plus belles vertus héréditaires de la race française, à cette multitude de héros anonymes qui, si longtemps, sous le soleil et sous la pluie, dans la poussière et dans la boue, ont opposé aux furieux assauts de l'ennemi leur vigueur inflexible et leur inlassable ténacité.

Honneur aux nations et aux armées alliées qui, toutes, ont rivalisé avec les nôtres d'endurance et de bravoure et qui, toutes, ont mérité d'être à la joie, après avoir été, elles aussi, à la peine !

Honneur à ces innombrables légions de vainqueurs, à jamais unis pár des liens fraternels ; à ces peuples armés qui ont combattu côte à côte pour un idéal commun et qui, demain, cueilleront ensemble, dans la paix, le fruit de cette camaraderie prolongée.

Nous les verrons bientôt, ces incomparables soldats de la grande guerre, suivre dans Paris, la voie même que vient de parcourir aujourd'hui le long cortège des manifestants. Nous les verrons passer, dans une lumière

Après l'arrivée de la tête du cortège venu de l'Etoile, la place de la Concorde est envahie par la foule.

d'apothéose, sous la voûte triomphale et descendre de l'Etoile pour effacer, sous leurs pas cadencés, la souillure laissée jadis à nos Champs-Elysées par l'arrogant défilé des bataillons ennemis.

Honneur au Parlement français, qui, en des sessions laborieuses et presque permanentes, a efficacement secondé le Gouvernement de la République dans l'organisation progressive de la Défense nationale.

Honneur à Paris, qui, dans les nuits où gémissait la sirène, dans les journées sombres où les obus assassins venaient brusquement surprendre les enfants dans leurs jeux, les femmes dans leur travail ou dans leurs prières, les vieillards dans le repos des asiles, a conservé son calme, sa confiance et sa sérénité. Combien de fois n'ai-je pas eu alors le douloureux devoir de saluer ses morts et de visiter ses blessés! J'ai senti, de tout près, battre son cœur; le mouvement n'en était pas ni activé, ni ralenti, le rythme n'en était pas troublé.

Honneur au peuple de France tout entier, qui a répondu, avec tant d'empressement, à l'appel d'union que je lui ai adressé le premier jour de la guerre; aux vieux paysans, aux femmes, aux jeunes gens qui ont su ajouter aux miracles d'énergie des miracles de patience, qui ont labouré, semé, récolté, pour alimenter les combattants; aux ouvriers qui ont fondu des canons, chargé des obus, armé des avions, créé, développé, amélioré pendant quatre années, cet outillage formidable qui a été l'instrument nécessaire de la victoire; aux fonctionnaires de la République, aux maires, aux municipalités qui ont assuré la bonne administration, la tranquillité et le ravitaillement du pays; aux maîtres qui ont mis sous les yeux de l'enfance les impérissables leçons de désintéressement et de patriotisme offertes par la guerre à l'éternelle admiration de l'esprit humain; aux prélats, aux prêtres et aux pasteurs de toutes religions, qui se sont étroitement rapprochés autour de l'autel de la Patrie et qui ont invoqué un seul Dieu pour le salut de la France et pour le repos de ses morts!

Honneur à nos colonies qui ont rivalisé de dévouement à la métropole et qui, de toutes les parties du monde, ont envoyé, par milliers, des travailleurs à nos usines et des soldats à nos armées!

Honneur aux mères qui n'embrasseront plus leurs fils, aux femmes qui cherchent, sur les champs de bataille, la tombe de leurs maris; aux orphelins qui deviennent les enfants adoptifs de la France. Mais, par-dessus tout, Messieurs, honneur à ceux qui ne sont plus, à ceux qui sont tombés, l'espoir au cœur, dans les sillons ensanglantés, dans les tranchées bouleversées, dans la profondeur des mers, et dont les yeux clos n'auront pas vu poindre l'aurore de la victoire et la lumière de

La tribune officielle, entre les statues de Rouen et de Brest, face aux statues de Lille et de Strasbourg : M. Poincaré prononce son discours.

la paix. Honneur aux plus modestes, aux plus obscurs, aux plus inconnus d'entre eux. Il n'en est pas un seul dont la mort n'ait aidé à la résurrection de la France et à l'affranchissement de l'humanité. Leurs corps déchirés par les projectiles gisent dans les régions dévastées où s'est décidé le sort du monde; mais leur image sacrée demeurera intacte au fond de nos cœurs. C'est elle qui sera désormais notre inspiratrice, c'est elle qui nous rappellera demain, dans notre labeur pacifique, quelle moisson de gloire, et bientôt de force et de prospérité nationales, a pu faire lever, en quelques années, sous le soleil de France, l'esprit de sacrifice et d'abnégation.

HONNEUR AUX MORTS,
IMMORTELS CONSEILLERS DES VIVANTS!

DRAEGER, IMP.

www.ingramcontent.com/pod-product-compliance
Ingram Content Group UK Ltd.
Pitfield, Milton Keynes, MK11 3LW, UK
UKHW020959230726
13924UKWH00009B/137

9 782019 921385